vocal✻piano

Esperanza

T0055835

ISBN 978-1-4584-0780-1

HAL•LEONARD®
CORPORATION
7777 W. BLUEMOUND RD. P.O. BOX 13819 MILWAUKEE, WI 53213

Visit Hal Leonard Online at
www.halleonard.com

PONTA DE AREIA

By FERNANDO BRANT
and MILTON NASCIMENTO

Moderately

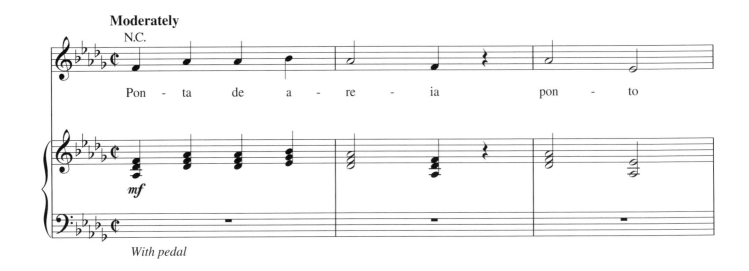

Pon - ta de a - re - ia pon - to

fi - nal _____ da Ba - hi - a - Mi - nas

es - tra - da na - tu - ral. Que li - ga - va

Mi - nas ao _____ por - to do mar _____

ca - mi - nho de fer - ro man - da - ram ar - ran -

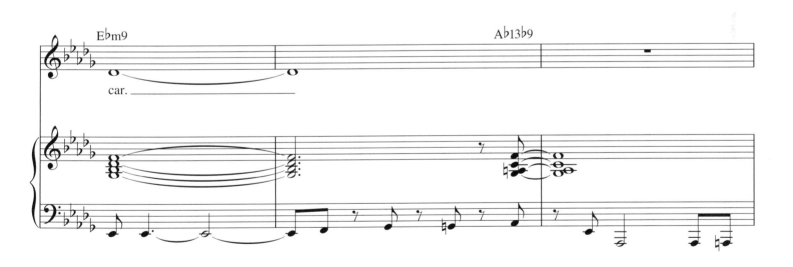

car. _____

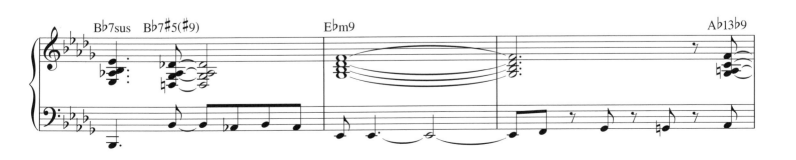

ram ar - ran - car. _____

Repeat ad lib.

Last Time

Pon - ta de a - re - ia.

Solo ends

loco

(8vb)

I KNOW YOU KNOW

By ESPERANZA SPALDING

FALL IN

By ESPERANZA SPALDING

hope-less-ly lost _____ Well this ain't just an-y old dream __ for

our paths have crossed ___ And I may be hope-less-ly lost _____ But

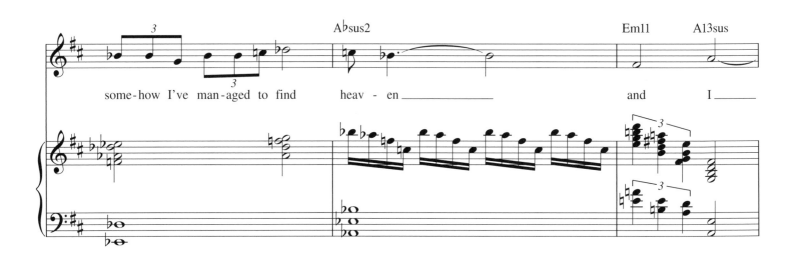

some-how I've man-aged to find heav - en _____ and I _____

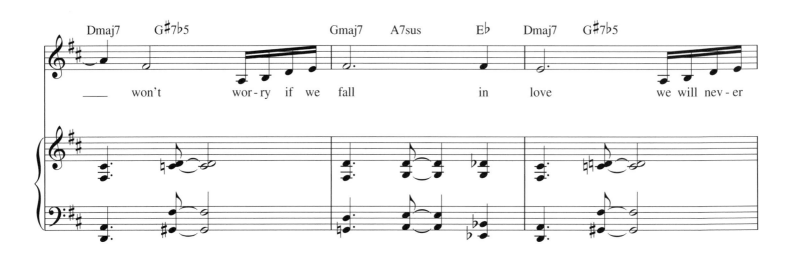

___ won't wor-ry if we fall in love we will nev-er

I ADORE YOU

By ESPERANZA SPALDING

Afro-Cuban feel

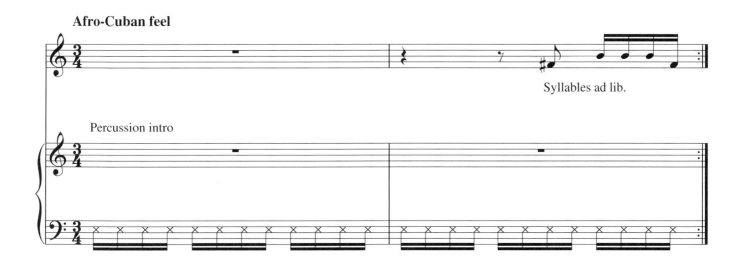

Syllables ad lib.

Percussion intro

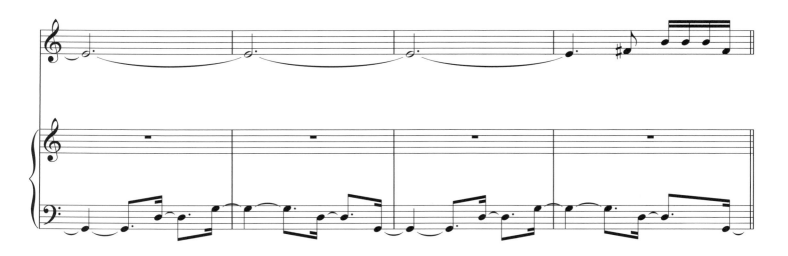

Solo Section

CUERPO Y ALMA
(Body and Soul)

Words by EDWARD HEYMAN,
ROBERT SOUR and FRANK EYTON
Music by JOHN GREEN

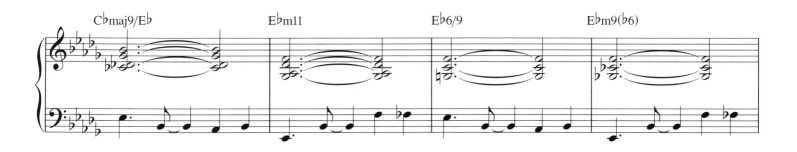

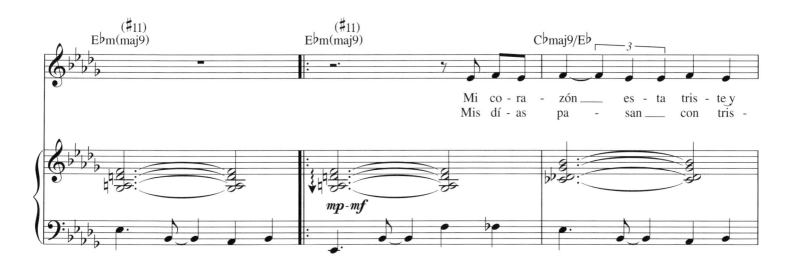

Mi co - ra - zón __ es - ta tris - te y
Mis dí - as pa - san __ con tris -

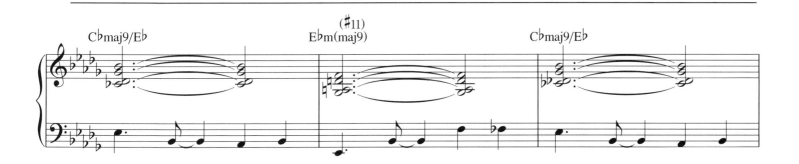

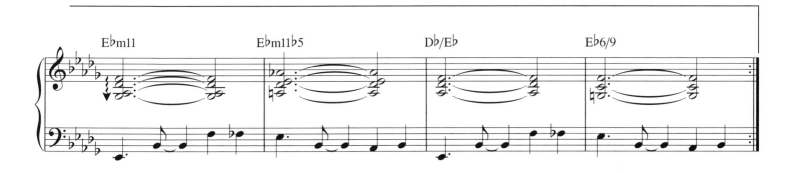

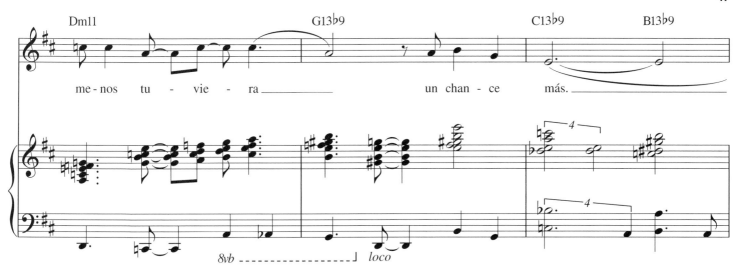

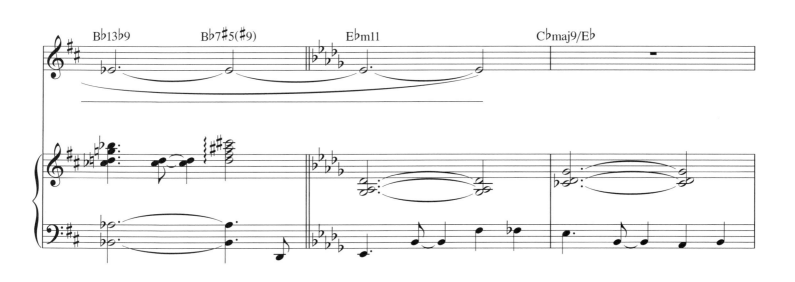

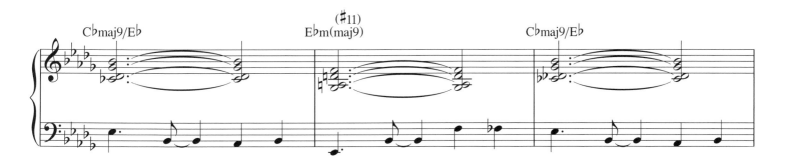

To Coda

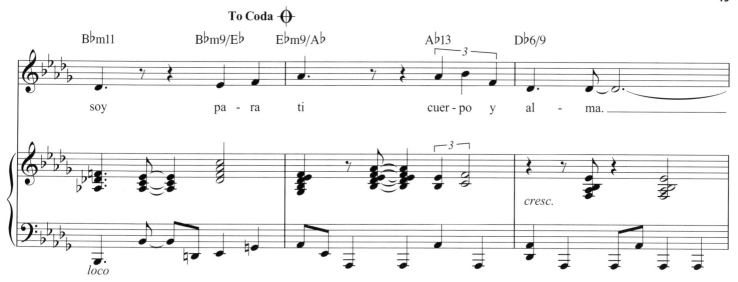

soy pa - ra ti cuer - po y al - ma.

Solo Section 1 (Piano solo)

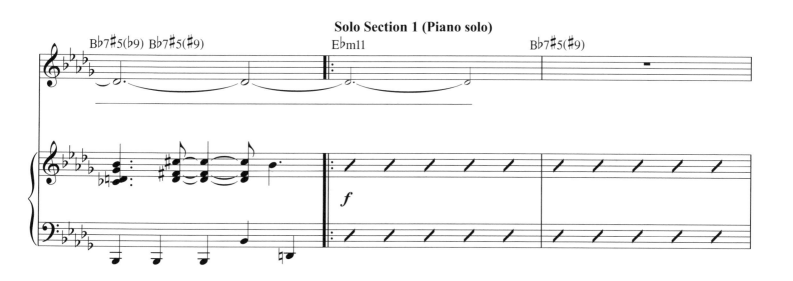

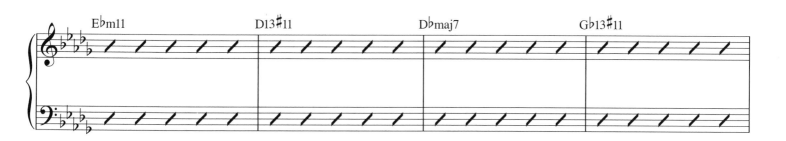

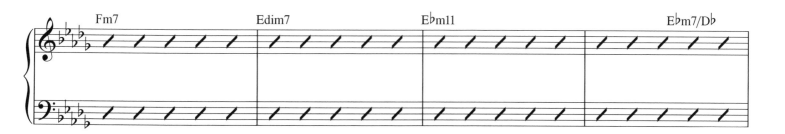

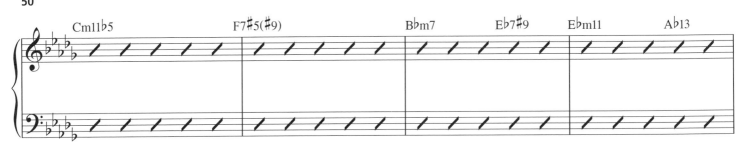

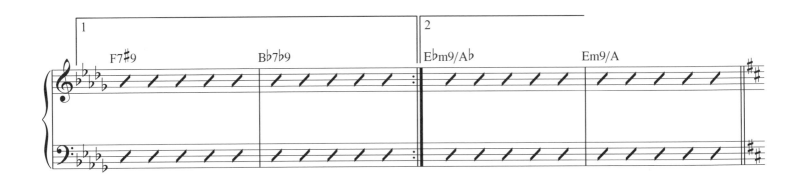

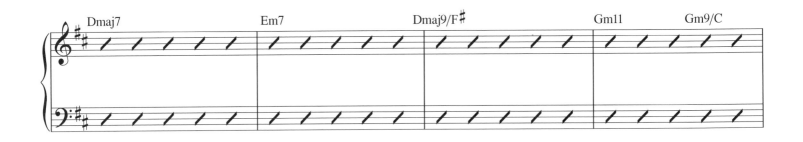

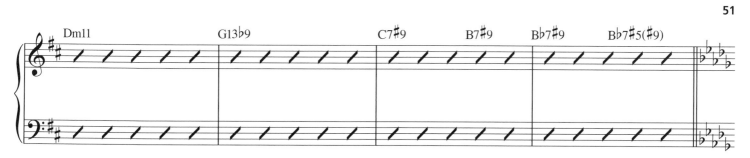

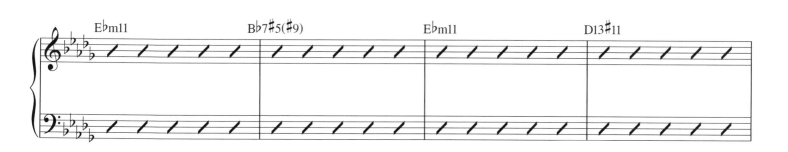

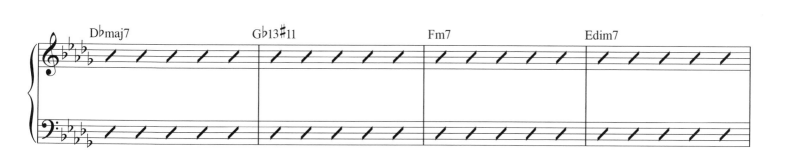

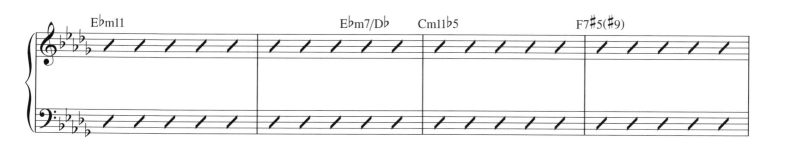

Solo Section 2 (Vocal / Bass solo)

So - lo   pa - ra___ ti___ cuer - po

mi ___ al - ma. ___

Vocal continues ad lib.

Repeat ad lib.

Final Ending

SHE GOT TO YOU

By ESPERANZA SPALDING

so, damn ____ that's cold. ____

PRECIOUS

By ESPERANZA SPALDING

MELA

By ESPERANZA SPALDING

LOVE IN TIME

By ESPERANZA SPALDING

Like charm wit and beau-ty our youth __ made us seek them but in truth we don't need them we're in love so let's take our time.

Solo Section

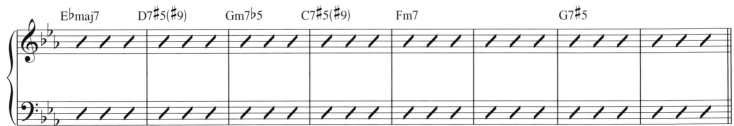

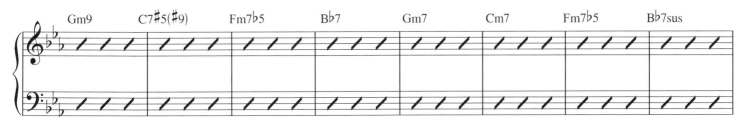

Repeat ad lib.

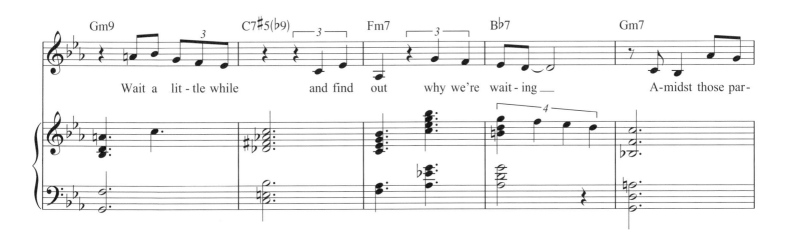

Wait a lit-tle while and find out why we're wait-ing ___ A-midst those par-

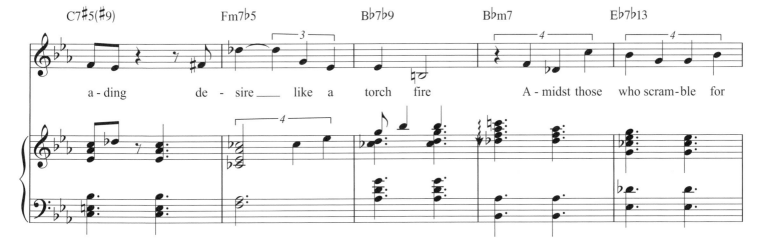

a-ding de - sire ___ like a torch fire A - midst those who scram-ble for

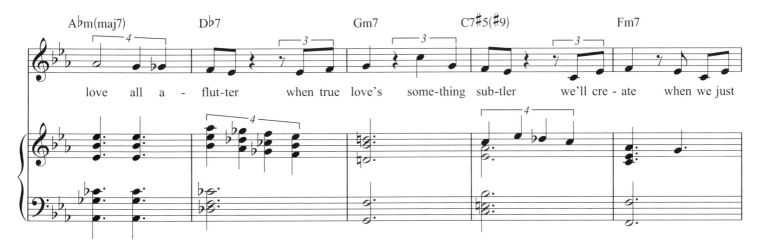

love all a - flut-ter when true love's some-thing sub-tler we'll cre - ate when we just

ESPERA

By ESPERANZA SPALDING

Moderately fast

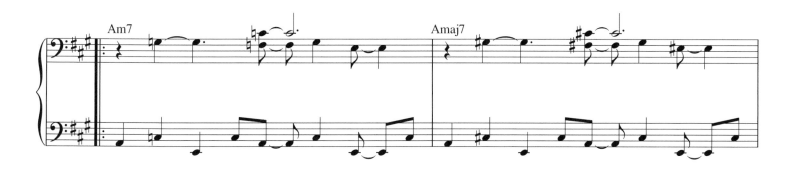

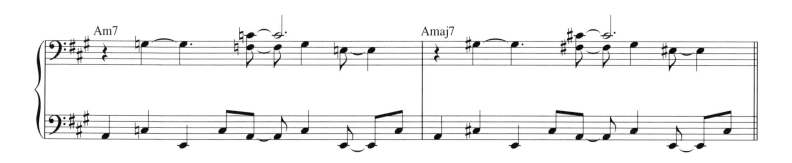

Peo - ple I al - most gave ___ up hold - ing on, _____
Now as I've learned _____ how I ___ must work for change, _____
I don't ex - pect _____ to ev - er taste the fruit _____

IF THAT'S TRUE

By ESPERANZA SPALDING

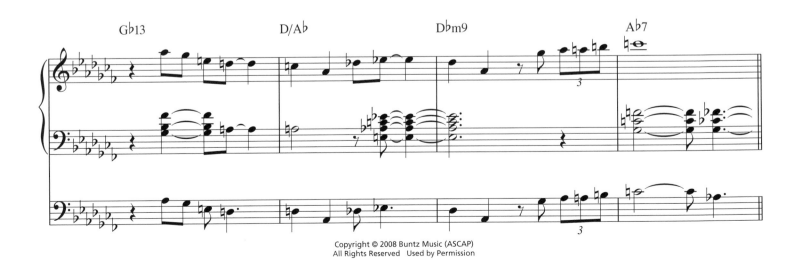

SAMBA EM PRELUDIO

By VINICIUS DE MORAES
and BADEN DE AQUINO